컴선생 여우님이 알려주는

초판 발행일 | 2021년 5월 10일
지은이 | 해람북스 기획팀
펴낸이 | 최용섭
총편집인 | 이준우
기획진행 | 김미경
표지디자인 | 김영리

주소 | 서울시 용산구 한남대로 11길 12, 6층
문의전화 | 02-6337-5419 팩스 02-6337-5429
홈페이지 | http://www.hrbooks.co.kr

발행처 | (주)미래엔에듀파트너   **출판등록번호** | 제2016-000047호

ISBN 979-11-6571-148-1 13000

상담을 원하시거나 아이가 컴퓨터 수업에 참석할 수 없는 경우에 아래 연락처로
미리 연락주시기 바랍니다.

★컴퓨터 선생님 성함 : ＿＿＿＿＿＿＿＿　　★내 자리 번호 : ＿＿＿＿＿＿

★컴퓨터 교실 전화번호 : ＿＿＿＿＿＿＿＿＿＿＿＿＿＿

★나의 컴교실 시간표　요일 : ＿＿＿＿＿＿　　시간 : ＿＿＿＿＿＿

※ 학생들이 컴퓨터실에 올 때는 컴퓨터 교재와 필기도구를 꼭 챙겨서 올 수 있도록 해 주시고,
　 인형, 딱지, 휴대폰 등은 컴퓨터 시간에 꺼내지 않도록 지도 바랍니다.

시간표 및 출석 확인란입니다. 꼭 확인하셔서 결석이나 지각이 없도록 협조
바랍니다.

＿＿＿＿＿ 월

월	화	수	목	금

시간표 및 출석 확인란입니다. 꼭 확인하셔서 결석이나 지각이 없도록 협조
바랍니다.

_____ 월

월	화	수	목	금

시간표 및 출석 확인란입니다. 꼭 확인하셔서 결석이나 지각이 없도록 협조
바랍니다.

_____ 월

월	화	수	목	금

나의 타자 단계

이름 : _____

⭐ 오타 수가 5개를 넘지 않는 친구는 선생님께 확인을 받은 후 다음 단계로 넘어가서 연습합니다.

자리 연습	1단계	2단계	3단계	4단계	5단계	6단계	7단계	8단계
보고하기								
안보고하기								

낱말 연습	1단계	2단계	3단계	4단계	5단계	6단계	7단계	8단계
보고하기								
안보고하기								

자리연습	1번 연습	2번 연습	3번 연습	4번 연습	5번 연습	6번 연습	7번 연습	8번 연습
10개 이상								
20개 이상								
30개 이상								

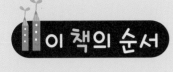

이 책의 순서

한셀 2016

01 한셀 시작하기

• 문자와 숫자 데이터를 입력해요.
• 열의 너비를 변경해요.
• 작성한 문서를 저장해요.

▶ 완성 파일 : 01_체험학습_완성.cell

미션1 문자와 숫자 데이터를 입력해 보아요.

❶ [윈도우 로고 키(■)]-[한셀] 메뉴를 클릭하여 한셀 프로그램을 실행합니다.

❷ [B2] 셀을 클릭하여 제목을 입력하고 방향키를 이용하여 셀을 이동한 후 나머지 셀에도 그림과 같이 데이터를 입력합니다.

	A	B	C	D	E	F	G	H	I
1									
2		체험학습 장소 추천							
3									
4		장소	체험	지역	가격				
5		놀이공원	놀이기구	경기도	45000				
6		한옥마을	한복입기	전라도	8000				
7		워터파크	물놀이	서울	25000				
8		동물원	먹이주기	경상도	10000				
9									
10									

미션 2 **열의 너비를 변경해 보아요.**

❶ [B]열과 [C]열 머리글 경계선에 마우스 포인터를 가져다 댄 후 마우스 포인터 모양이
바뀌면 오른쪽으로 드래그하여 셀의 너비를 조절합니다.

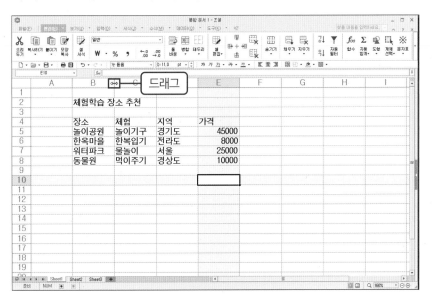

❷ ❶과 같은 방법으로 나머지 열의 너비를 조절한 후 [B4:E8] 셀을 드래그하여 셀 영역을
블록 지정하고 [서식 도구상자]–[가운데 정렬(▤)]을 클릭합니다.

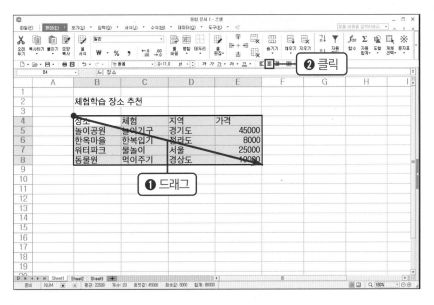

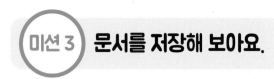

❶ [E5:E8] 셀을 드래그하여 셀을 블록 지정하고 [편집] 탭–[쉼표 스타일(9)]을 클릭합니다.

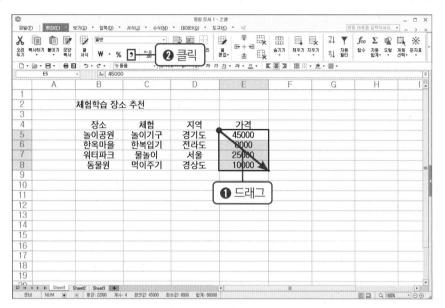

❷ [서식 도구상자]–[저장(💾)]을 클릭하여 [다른 이름으로 저장하기] 대화상자가 나타나면 저장 위치를 지정하고 파일 이름을 입력한 후 [저장] 단추를 클릭합니다.

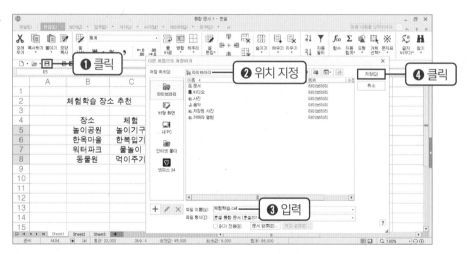

혼자 할 수 있어요!

01 그림과 같이 데이터를 입력한 후 열의 너비를 변경하고 '학급친구.cell'로 저장해 보세요.

• 완성 파일 : 01_학급친구_완성.cell

	A	B	C	D	E	F	G
1							
2		우리반 친구들					
3							
4		이름	성별	생일	키	취미	
5		이하준	남	6월 13일	138	축구	
6		김서윤	여	4월 8일	132	책	
7		이정우	남	9월 12일	135	게임	
8		정아린	여	9월 1일	133	춤	
9		강예준	남	12월 30일	140	야구	
10		최하은	여	2월 9일	133	그림	
11		박서아	여	6월 23일	136	노래	
12		이도현	남	7월 14일	135	영화	
13							
14							
15							
16							
17							

02 그림과 같이 데이터를 입력한 후 열의 너비를 변경하고 '그림책.cell'로 저장해 보세요.

• 완성 파일 : 01_그림책_완성.cell

	A	B	C	D	E	F
1						
2		엄마와 함께 읽은 그림책				
3						
4		도서관	일정	주제	참가인원	
5		중앙도서관	5월 30일	돌멩이를 이용한 놀이	20	
6		해솔도서관	4월28일	종이접기를 활용한 책 놀이	15	
7		교우도서관	5월 5일	액자, 아기책 만들기	20	
8		참새도서관	5월 12일	보들보들 천으로 책 만들기	10	
9		꿈터도서관	5월 5일	영유아 발달 책놀이	20	
10		햇살도서관	4월 20일	뇌가 좋은 아이	15	
11		꿈날개도서관	5월 8일	우리 아이 감성 키우기	20	
12		행복도서관	5월 20일	다문화 가정의 이해	20	
13						
14						
15						
16						

02 문서에 기호 입력하기

- 저장된 파일을 열어 기호를 입력해요.
- 다양한 기호를 입력해요.

▶ 예제 파일 : 02_간식조사.cell
▶ 완성 파일 : 02_간식조사_완성.cell

 미션 1 **저장된 파일을 열어 기호를 입력해 보아요.**

1 한셀 프로그램을 실행한 후 [서식 도구상자]-[불러오기(📂)] 클릭하여 [불러오기] 대화 상자가 나타나면 '02_간식조사.cell' 파일을 선택하고 [열기] 단추를 클릭합니다.

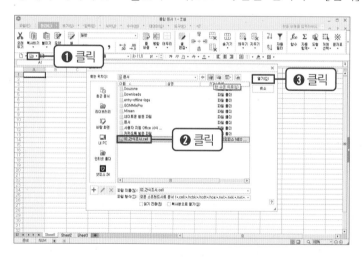

2 [F5] 셀을 클릭한 후 [입력] 탭-[문자표(※)]의 목록 단추(▼)를 클릭하고 [문자표...]를 클릭합니다.

③ [문자표 입력] 대화상자가 나타나면 [문자 영역]–[기호2]를 선택한 후 '검은색 하트 모양' 기호를 선택하고 [넣기] 단추를 클릭합니다.

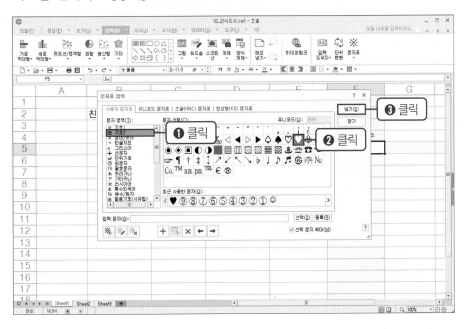

④ **③**과 같은 방법으로 '검은색 하트 모양' 기호를 삽입하여 그림과 같이 문서를 완성합니다.

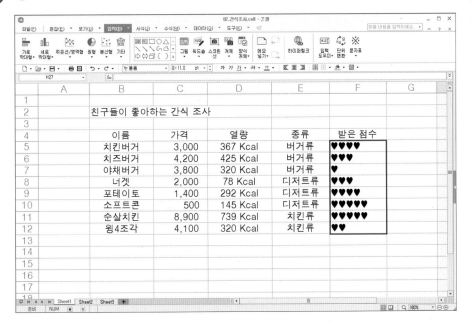

다양한 기호를 입력해 보아요.

1 [B2] 셀을 선택한 후 [수식 입력줄]에서 텍스트 앞을 클릭하여 커서가 깜박이면 [입력] 탭–
[문자표(※)]의 목록 단추(▼)를 클릭하고 [문자표...]를 클릭합니다.

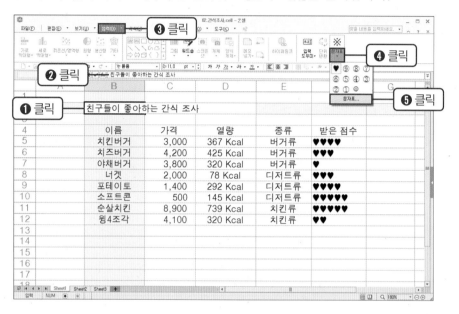

2 [문자표 입력] 대화상자가 나타나면 [문자 영역]–[특수기호 및 딩뱃기호]를 선택한 후 '웃는
얼굴' 기호를 선택하고 [넣기] 단추를 클릭합니다.

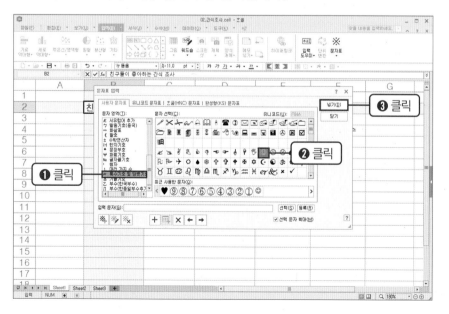

혼자 할 수 있어요!

01 데이터를 입력한 후 그림과 같이 기호를 입력해 보세요.

• 완성 파일 : 02_컴퓨터실규칙_완성.cell

	A	B	C
1			
2			💻 컴퓨터실에서 지켜야 할 규칙⌨
3			
4		①	음식물 먹지 않기
5		②	친구와 떠들지 않기
6		③	뛰어다니지 않기
7		④	타자연습 하기
8		⑤	컴퓨터 소중히 다루기
9		⑥	장난치지 않기
10		⑦	수업 후 자리정리 하기
11			

02 데이터를 입력한 후 그림과 같이 기호를 입력해 보세요.

• 완성 파일 : 02_1인1역_완성.cell

	A	B	C	D
1				
2		✿✿학급 1인 1역 도우미를 정해보아요✿✿		
3				
4		역할	학생	시간
5		✎칠판 청소하기	한서진	쉬는시간
6		✎출석 체크하기	박시우	등교시간
7		✎유인물 나눠주기	정하린	하교시간
8		✎준비물 나눠주기	이수아	수업시간
9		✎자리 청소 확인하기	최지원	하교시간
10		✎급식 줄 확인하기	강나은	점심시간
11				
12				

03 클립아트와 한자 삽입하기

학 습 목 표

• 셀을 병합하고 글꼴 서식을 지정해요.
• 클립아트를 삽입해요.
• 한자를 입력해요.

▶ 완성 파일 : 03_열두 띠_완성.cell

 미션 1 셀을 병합하고 글꼴 서식을 지정해 보아요.

1 [B2] 셀을 선택한 후 "열두 띠 동물이야기"를 입력하고 [B2:L2] 셀을 블록 지정한 후 [서식 도구상자]-[병합하고 가운데 맞춤(圖)]을 클릭합니다.

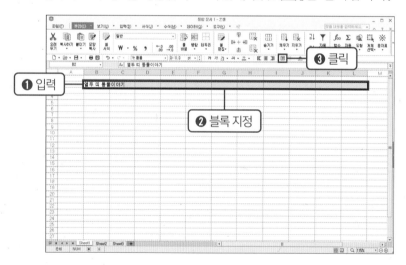

2 선택한 셀이 하나로 합쳐지면 [서식 도구상자]에서 그림과 같이 글꼴과 크기, 글자 색을 각각 지정한 후 행 높이를 조절합니다.

• 글꼴 : 한컴 윤체 M
• 크기 : 24pt

미션 2 클립아트를 삽입해 보아요.

1 [입력] 탭-[그림(📷)]-[그리기마당]을 클릭하여 [그리기마당] 대화상자가 나타나면 [기본 클립아트] 탭-[전통(십이지)]-[쥐]를 선택한 후 [넣기] 단추를 클릭합니다.

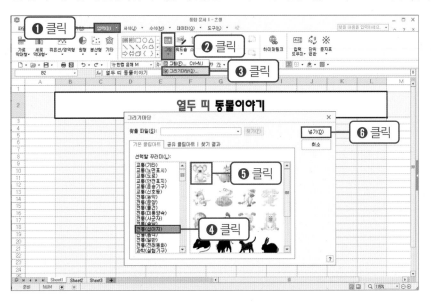

2 **1**과 같은 방법으로 클립아트를 삽입하고 텍스트를 입력한 후 열 너비와 행 높이를 조절합니다.

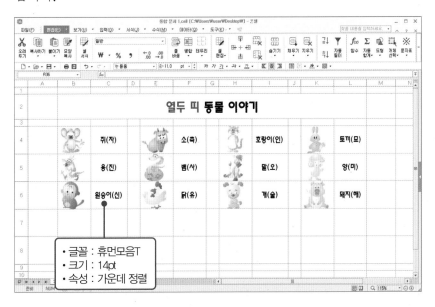

• 글꼴 : 휴먼모음T
• 크기 : 14pt
• 속성 : 가운데 정렬

❶ [C4] 셀을 선택하고 '자' 글자를 블록 지정한 후 키보드의 [한자] 를 눌러 [한자로 바꾸기] 대화상자가 나타나면 '子'를 선택하고 [입력 형식]을 '漢字'로 선택한 후 [바꾸기] 단추를 클릭합니다.

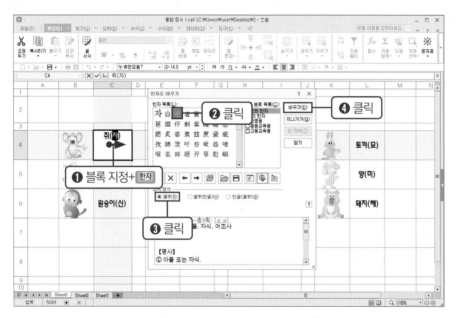

❷ 같은 방법으로 한자와 기호를 입력하여 그림과 같이 문서를 완성합니다.

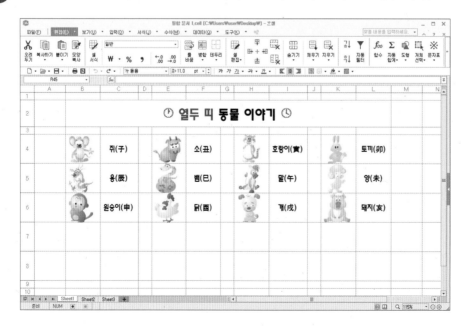

03 혼자 할 수 있어요!

01 데이터를 입력한 후 글꼴 서식을 지정하고 그림과 같이 클립아트와 기호를 삽입해 보세요.

• 완성 파일 : 03_할일_완성.cell

• 글꼴 : 한컴 백제 B
• 크기 : 20pt
• 속성 : 진하게, 병합하고 가운데 맞춤

• 글꼴 : 한컴 바겐세일 M
• 크기 : 15pt
• 속성 : 가운데 정렬

02 데이터를 입력한 후 글꼴 서식을 지정하고 그림과 같이 클립아트와 기호, 한자를 삽입해 보세요.

• 완성 파일 : 03_한자숫자카드_완성.cell

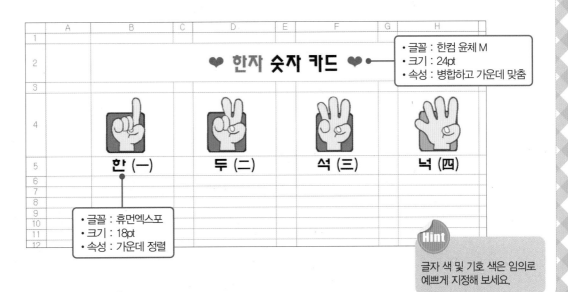

• 글꼴 : 한컴 윤체 M
• 크기 : 24pt
• 속성 : 병합하고 가운데 맞춤

• 글꼴 : 휴먼엑스포
• 크기 : 18pt
• 속성 : 가운데 정렬

Hint

글자 색 및 기호 색은 임의로 예쁘게 지정해 보세요.

04 테두리와 셀 서식 지정하기

▶ 예제 파일 : 04_식단표.cell
▶ 완성 파일 : 04_식단표_완성.cell

미션 1 테두리 서식을 지정해 보아요.

❶ '04_식단표.cell' 파일을 열기하여 [B4:H9] 셀을 블록 지정한 후 [서식 도구상자]-[가운데 정렬(≡)]을 클릭하고 [테두리(田)]-[모두 적용(田)]을 클릭합니다.

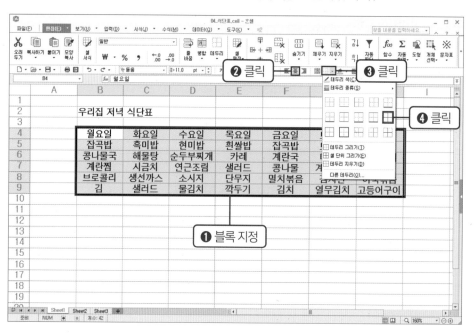

2 [B2:H2] 셀을 블록 지정하고 [서식 도구상자]-[병합하고 가운데 맞춤(📊)]을 클릭한 후 [서식] 탭-[테두리(⊞)]-[다른 테두리]를 클릭합니다.

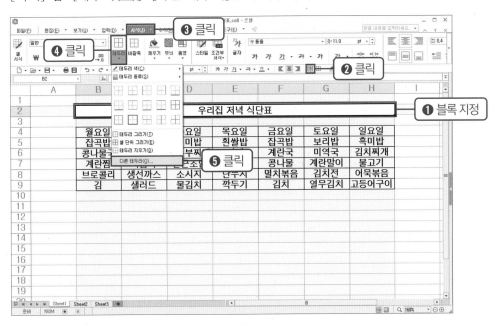

3 [셀 서식] 대화상자가 나타나면 [테두리] 탭에서 테두리 종류와 색을 선택한 후 [바깥쪽]을 선택하고 [설정] 단추를 클릭합니다.

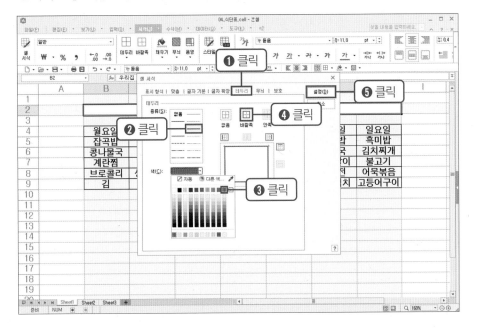

채우기 서식을 지정해 보아요.

❶ [B4:H4] 셀을 블록 지정한 후 [서식] 탭–[채우기(🖌)]에서 채우기 색을 선택합니다.

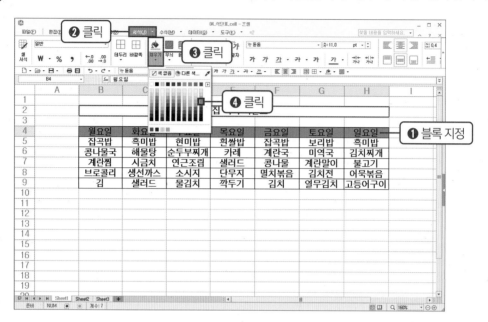

❷ 그림과 같이 글꼴 서식을 각각 지정합니다.

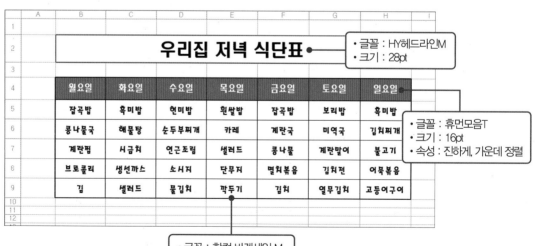

혼자 할 수 있어요!

• 완성 파일 : 04_그림책_완성.cell

01 데이터를 입력한 후 글꼴 서식을 지정하고 테두리 색과 테두리 종류를 이용하여 그림과 같이 완성해 보세요.

엄마와 함께 읽는 그림책

• 글꼴 : 한컴 백제 B
• 크기 : 30pt

도서관	일정	주제	참가인원
중앙도서관	5월 30일	돌멩이를 이용한 놀이	20
해솔도서관	4월28일	종이접기를 활용한 책 놀이	15
교우도서관	5월 5일	액자, 아기책 만들기	20
참새도서관	5월 12일	보들보들 천으로 책 만들기	10
꿈터도서관	5월 5일	영유아 발달 책놀이	20
햇살도서관	4월 20일	뇌가 좋은 아이	15
꿈날개도서관	5월 8일	우리 아이 감성 키우기	20
행복도서관	5월 20일	다문화 가정의 이해	20

• 글꼴 : 문체부 돋움체
• 크기 : 14pt

02 테두리와 채우기 색을 이용하여 그림과 같이 셀을 꾸며 보세요.

엄마와 함께 읽는 그림책

도서관	일정	주제	참가인원
중앙도서관	5월 30일	돌멩이를 이용한 놀이	20
해솔도서관	4월28일	종이접기를 활용한 책 놀이	15
교우도서관	5월 5일	액자, 아기책 만들기	20
참새도서관	5월 12일	보들보들 천으로 책 만들기	10
꿈터도서관	5월 5일	영유아 발달 책놀이	20
햇살도서관	4월 20일	뇌가 좋은 아이	15
꿈날개도서관	5월 8일	우리 아이 감성 키우기	20
행복도서관	5월 20일	다문화 가정의 이해	20

Hint

테두리 및 채우기 서식은 임의로 예쁘게 지정해 보세요.

05 자동 채우기와 그림 삽입하기

• 자동 채우기로 데이터를 입력해요.
• 그림을 삽입하고 효과를 지정해요.

▶ 예제 파일 : 학생1∼2.png
▶ 완성 파일 : 05_시간표_완성.cell

미션1 **자동 채우기로 데이터를 입력해 보아요.**

① '05_시간표.cell' 파일을 열기하여 [C4] 셀을 선택한 후 오른쪽 하단의 자동 채우기 핸들에
마우스 포인터를 가져다 댄 후 마우스 모양이 바뀌면 [G4] 셀까지 드래그합니다.

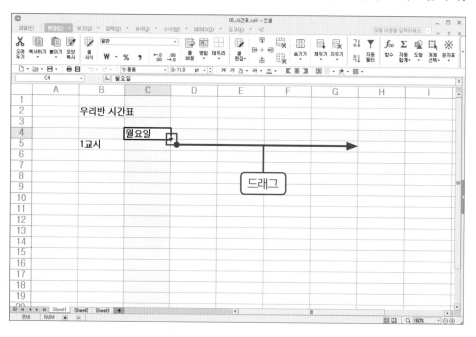

2 [B5] 셀을 선택한 후 오른쪽 하단 자동 채우기 핸들에 마우스 포인터를 가져다 댄 후
마우스 모양이 바뀌면 [B10] 셀까지 드래그합니다.

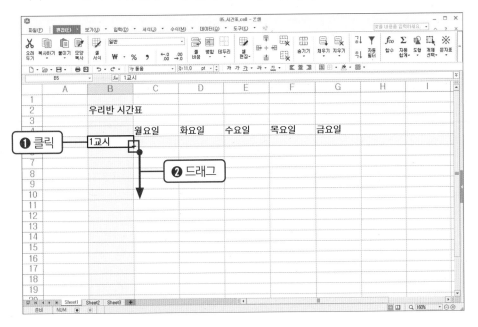

3 나머지 셀에 데이터를 입력한 후 그림과 같이 셀 서식과 글꼴 서식을 지정합니다.

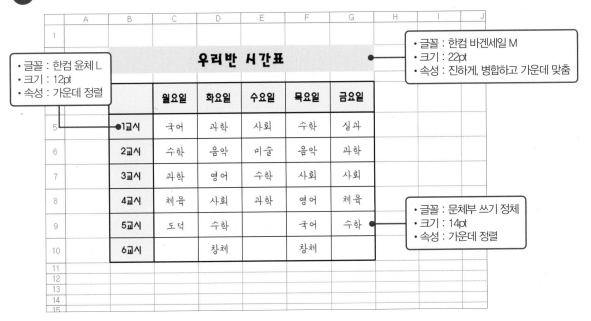

그림을 삽입하고 효과를 적용해 보아요.

❶ [입력] 탭-[그림(🖼)]을 클릭한 후 '학생1.png'~'학생2.png' 그림을 선택하여 삽입하고 크기와 위치를 조절합니다.

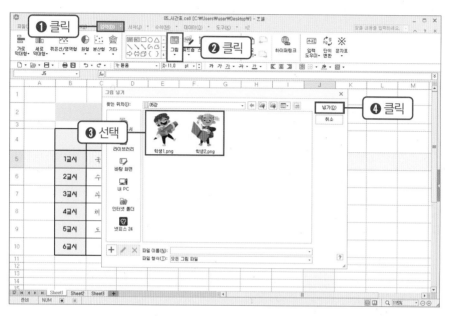

❷ Shift 를 누른 상태로 삽입된 그림을 각각 선택한 후 🖼 탭-[밝기(☀)]-[밝게]-[+10%]를 선택합니다.

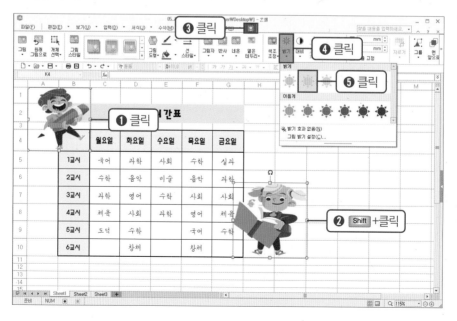

혼자 할 수 있어요!

01 자동 채우기를 이용하여 데이터를 입력한 후 셀 서식과 글꼴 서식을 지정하고 그림을 삽입하여 그림과 같이 달력을 완성해 보세요.

• 예제 파일 : 가족.jpg, 그림1~7.png
• 완성 파일 : 05_달력_완성.cell

• 글꼴 : 한컴 쿨재즈 B
• 크기 : 60pt
• 속성 : 진하게, 병합하고 가운데 맞춤

• 글꼴 : 휴먼편지체
• 크기 : 14pt
• 속성 : 진하게, 가운데 정렬

• 글꼴 : 한컴 바겐세일 M
• 크기 : 11pt
• 속성 : 진하게

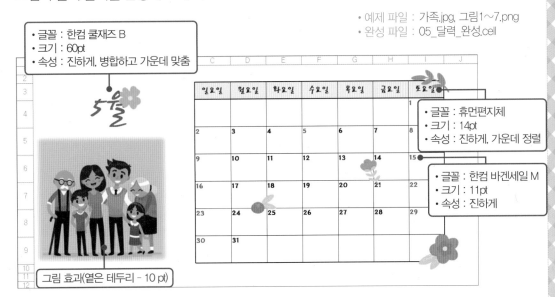

그림 효과(옅은 테두리 - 10 pt)

02 자동 채우기를 이용하여 데이터를 입력한 후 셀 서식과 글꼴 서식을 지정하고 그림을 삽입하여 그림과 같이 날씨 정보를 완성해 보세요.

• 예제 파일 : 구름.png, 비.png, 해.png
• 완성 파일 : 05_날씨_완성.cell

그림 효과(네온 - 강조 색 3.5 pt)

• 글꼴 : 한컴 백제 B
• 크기 : 24pt
• 속성 : 병합하고 가운데 맞춤

• 글꼴 : 한컴 소망 M
• 크기 : 14pt
• 속성 : 가운데 정렬

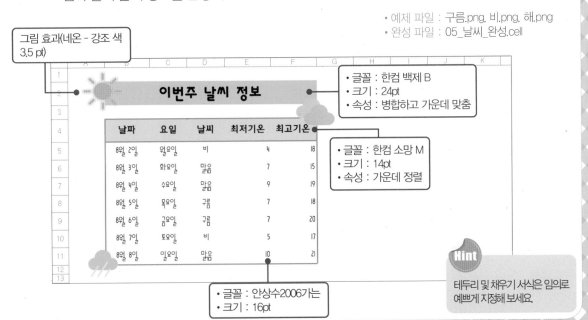

• 글꼴 : 안상수2006가는
• 크기 : 16pt

Hint

테두리 및 채우기 서식은 임의로 예쁘게 지정해 보세요.

06 워드숍 삽입하고 워크시트 꾸미기

학습목표

- 워드숍을 삽입해요.
- 워크시트의 이름과 탭 색을 변경해요.
- 워크시트를 복사하고 삭제해요.

▶ 예제 파일 : 06_성적표.cell
▶ 완성 파일 : 06_성적표_완성.cell

미션1 워드숍을 삽입해 보아요.

1 '06_성적표.cell' 파일을 불러와 그림과 같이 셀 서식과 글꼴 서식을 지정한 후 [입력] 탭-[워드숍(圖)]-[스타일2]를 선택하여 [워드숍 만들기] 대화상자가 나타나면 "우리반 성적표"를 입력하고 글꼴을 지정한 후 [설정] 단추를 클릭합니다.

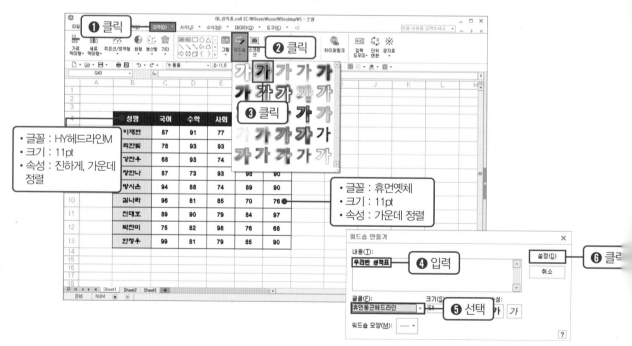

• 글꼴 : HY헤드라인M
• 크기 : 11pt
• 속성 : 진하게, 가운데 정렬

• 글꼴 : 휴먼옛체
• 크기 : 11pt
• 속성 : 가운데 정렬

2 워드숍이 삽입되면 워드숍의 크기와 위치, 행 높이를 조절합니다.

워크시트의 이름과 탭 색을 변경해 보아요.

① 워크시트 하단의 [Sheet1] 시트 탭을 마우스 오른쪽 단추로 클릭한 후 [이름 바꾸기]를 클릭하여 [시트 이름 바꾸기] 대화상자가 나타나면 "9월"을 입력하고 [설정] 단추를 클릭합니다.

시트 탭을 더블클릭해도 시트 이름을 변경할 수 있어요.

② '9월' 시트 탭을 마우스 오른쪽 단추로 클릭하고 [탭 색]을 클릭하여 색상 테마를 '오피스'로 변경한 후 '초록'을 선택하여 탭 색이 변경되는 것을 확인합니다.

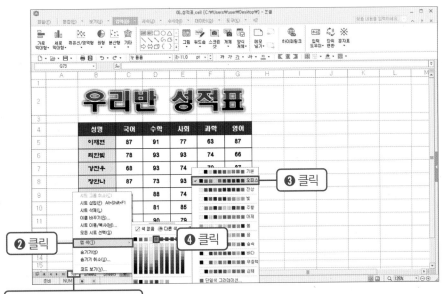

❶ [Sheet2] 시트를 선택하고 Shift 를 누른 상태로 [Sheet3]을 클릭하여 두 개의 시트를 선택한 후 [창 제목 표시줄]에 [그룹]이 표시된 것을 확인합니다. 이어서 마우스 오른쪽 단추를 눌러 [시트 삭제]를 클릭합니다.

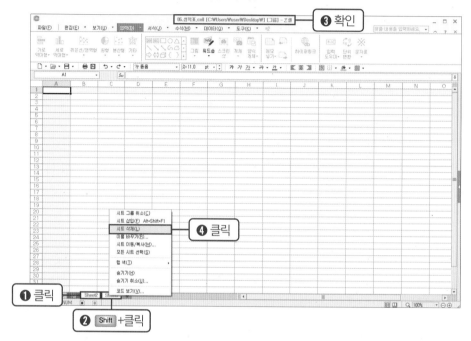

❷ [9월] 시트를 선택한 후 Ctrl 을 누른 상태로 오른쪽으로 드래그하여 시트를 복사한 후 앞서 배운 내용을 참고하여 시트 이름과 탭 색을 지정하고 데이터를 변경합니다.

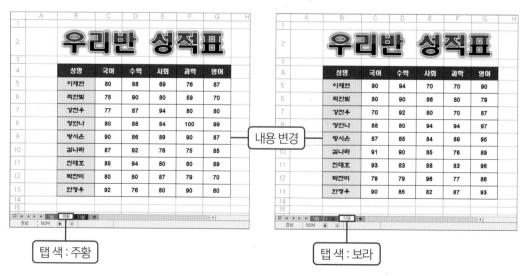

탭 색 : 주황

탭 색 : 보라

혼자 할 수 있어요!

• 예제 파일 : 운동1~3.png
• 완성 파일 : 06_운동_완성.cell

01 데이터를 입력한 후 서식을 지정하고 그림과 워드숍을 삽입하여 그림과 같은 문서를 완성해 보세요.

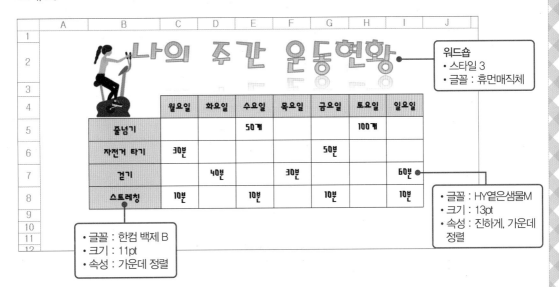

워드숍
• 스타일 3
• 글꼴 : 휴먼매직체

• 글꼴 : HY옅은샘물M
• 크기 : 13pt
• 속성 : 진하게, 가운데 정렬

• 글꼴 : 한컴 백제 B
• 크기 : 11pt
• 속성 : 가운데 정렬

02 시트를 복사한 후 시트 이름, 탭 색을 지정하고 내용과 서식을 변경해 보세요.

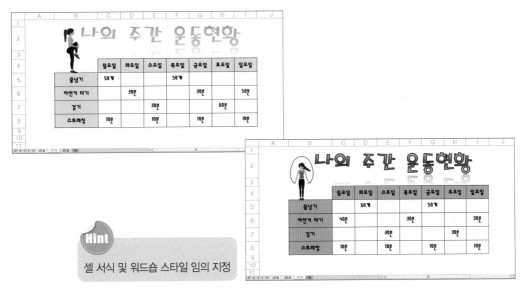

Hint

셀 서식 및 워드숍 스타일 임의 지정

07 데이터 정렬하기

학습목표

- 한 셀에 여러 줄을 입력해요.
- 데이터 순서를 정렬해요.
- 사용자 정의 목록으로 정렬해요.

▶ 예제 파일 : 07_몸짱테스트.cell
▶ 완성 파일 : 07_몸짱테스트_완성.cell

미션 1) 한 셀에 여러 줄을 입력해 보아요.

❶ '07_몸짱테스트.cell' 파일을 불러와 그림과 같이 내용을 입력하고 서식을 지정합니다.

- 글꼴 : 맑은 고딕
- 크기 : 26pt
- 속성 : 진하게

학년	반	이름	성별					시상종류
6	1	김민재	남	7.4	58	4' 12	185	대상
5	2	박예린	여	7.5	46	4' 25	183	동상
6	5	송인국	남	8.2	52	4' 05	182	참가상
5	3	이영주	남	7.5	48	4' 45	182	장려상
5	4	최민서	여	7.2	53	4' 20	164	금상
4	3	황은정	여	8.7	47	5' 05	168	참가상
5	1	박무송	남	8.6	54	5' 02	180	참가상
6	2	박연서	여	7.2	59	4' 21	179	은상

몸짱 테스트 시상자 명단

- 크기 : 11pt
- 속성 : 진하게, 가운데 정렬

Tip

셀 서식 및 테두리 서식은 임의로 예쁘게 지정해 보세요.

2 [F4] 셀에 "50m"를 입력한 후 Alt + Enter 를 눌러 커서가 다음 줄로 이동되면 "달리기(초)"를 입력하고 Enter 를 누릅니다.

몸짱 테스트 시상자 명단

학년	반	이름	성별	50m 달리기(초)				시상종류
6	1	김민재	남	7.4	58	4' 12	185	대상
5	2	박예린	여	7.5	46	4' 25	183	동상
6	5	송인국	남	8.2	52	4' 05	182	참가상
5	3	이영주	남	7.5	48	4' 45	182	장려상
5	4	최민서	여	7.2	53	4' 20	164	금상
4	3	황은정	여	8.7	47	5' 05	168	참가상
5	1	박무송	남	8.6	54	5' 02	180	참가상
6	2	박연서	여	7.2	59	4' 21	179	은상

3 **2**와 같은 방법으로 [G4], [H4], [I4] 셀에 그림과 같이 내용을 입력합니다.

몸짱 테스트 시상자 명단

학년	반	이름	성별	50m 달리기(초)	윗몸 일으키기(회)	오래달리기 (분)	제자리 멀리뛰기(cm)	시상종류
6	1	김민재	남	7.4	58	4' 12	185	대상
5	2	박예린	여	7.5	46	4' 25	183	동상
6	5	송인국	남	8.2	52	4' 05	182	참가상
5	3	이영주	남	7.5	48	4' 45	182	장려상
5	4	최민서	여	7.2	53	4' 20	164	금상
4	3	황은정	여	8.7	47	5' 05	168	참가상
5	1	박무송	남	8.6	54	5' 02	180	참가상
6	2	박연서	여	7.2	59	4' 21	179	은상

미션 2 **데이터의 순서를 정렬해 보아요.**

❶ [E5] 셀을 선택한 후 [데이터] 탭-[오름차순(킥↓)]을 클릭하여 '남'에 대한 데이터가 위로 정렬되는 것을 확인합니다.

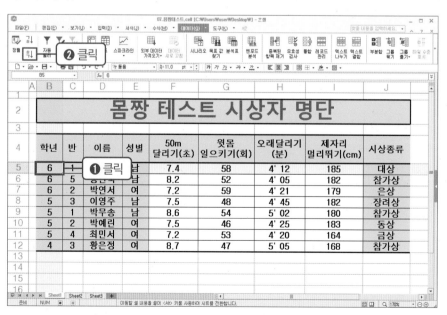

❷ [B5] 셀을 선택한 후 [내림차순(휘↓)]을 클릭하여 '학년'이 높은 데이터가 위로 정렬되는 것을 확인합니다.

③ [B5] 셀을 선택한 후 [정렬(🔽)]을 클릭하여 [정렬] 대화상자가 나타나면 [기준2]를 그림과 같이 지정하고 [실행] 단추를 클릭합니다.

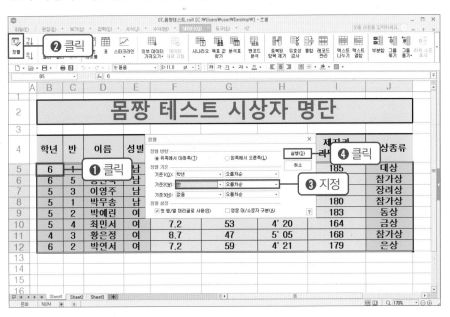

④ '학년'이 낮은 데이터가 먼저 정렬된 후 '반'이 1반부터 정렬되는 것을 확인합니다.

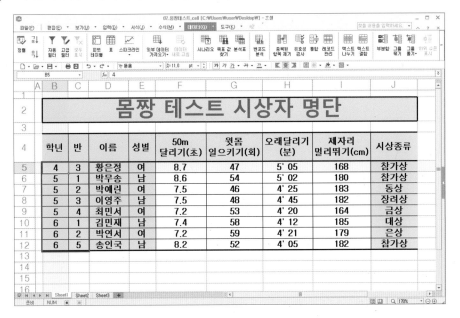

① [J5] 셀을 선택한 후 [정렬(📊)]을 클릭하여 [정렬] 대화상자가 나타나면 [기준1]의 정렬 기준을 '시상종류'로, 정렬 방법을 '사용자 정의 목록...'으로 선택합니다.

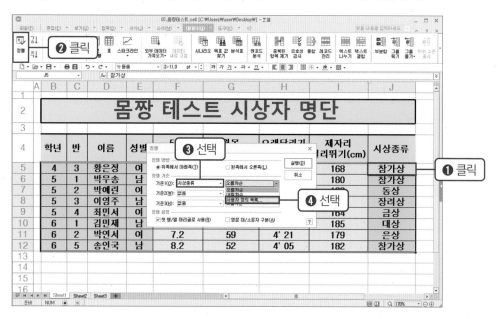

② [사용자 설정] 대화상자가 나타나면 [목록 항목]에 그림과 같이 데이터를 순서대로 입력하고 [추가(➕)] 단추를 클릭한 후 [설정] 단추를 클릭합니다.

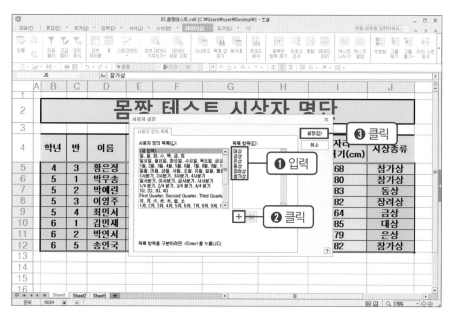

07 혼자 할 수 있어요!

• 예제 파일 : 07_공모전.cell
• 완성 파일 : 07_공모전_완성.cell

01 '07_공모전.cell' 파일을 불러와 서식을 지정하고 '대상'을 기준으로 내림차순 정렬을 실행해 보세요.

대상	부문	성별	이름	시상	참가지역
초등부	동시	여	김나영	동상	경기도
초등부	동시	여	김선미	장려상	서울특별시
초등부	동시	여	박은정	은상	경기도
중등부	산문	여	박은식	대상	경상북도
중등부	산문	남	이동현	금상	대전광역시
고등부	산문	여	김선아	동상	경기도
고등부	시조	남	허민서	장려상	서울특별시

글쓰기 공모전 시상 결과

- 크기 : 20pt
- 속성 : 진하게, 병합하고 가운데 맞춤

- 크기 : 11pt
- 속성 : 진하게, 가운데 정렬

02 '시상' 부문이 '대상-금상-은상-동상-장려상' 순서로 정렬되도록 사용자 지정 목록에 추가한 후 정렬을 실행해 보세요.

글쓰기 공모전 시상 결과

대상	부문	성별	이름	시상	참가지역
중등부	산문	여	박은식	대상	경상북도
중등부	산문	남	이동현	금상	대전광역시
초등부	동시	여	박은정	은상	경기도
초등부	동시	여	김나영	동상	경기도
고등부	산문	여	김선아	동상	경기도
초등부	동시	여	김선미	장려상	서울특별시
고등부	시조	남	허민서	장려상	서울특별시

08 조건부 서식 지정하기

학습목표

- 조건부 서식을 지정해요.
- 조건을 여러 개 지정해요.

▶ 예제 파일 : 08_봉사점수.cell
▶ 완성 파일 : 08_봉사점수_완성.cell

 미션1 조건부 서식을 지정해 보아요.

1 '08_봉사점수.cell' 파일을 불러와 그림과 같이 내용을 입력하고 서식을 지정합니다.

		3월	4월	5월	6월	7월	점수 합계	점수 평균	
	1모둠	49	48	46	78	48			
	2모둠	30	95	87	95	87			
	3모둠	28	85	48	75	68			
	4모둠	48	58	78	68	48			
	5모둠	53	45	45	45	68			
	6모둠	42	48	80	53	76			

모둠별 1학기 봉사점수 조사

- 글꼴 : 궁서
- 크기 : 22pt
- 속성 : 진하게

속성 : 진하게

2 [C5:C10] 셀을 선택한 후 [서식] 탭-[조건부 서식(▦)]-[셀 강조 규칙]-[다음 값의 사이에 있음]을 클릭하여 [해당 범위] 대화상자가 나타나면 다음과 같이 지정하고 [확인] 단추를 클릭합니다.

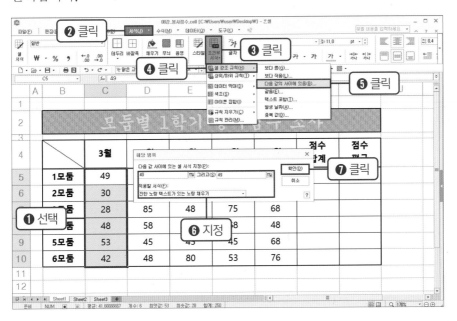

3 **2**와 같은 방법으로 '4월'과 '5월' 데이터에 그림과 같이 조건부 서식을 지정합니다.

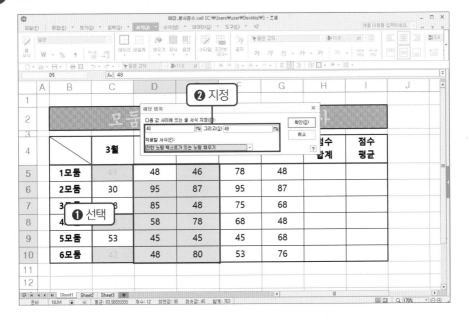

미션 2 여러 개의 조건을 지정해 보아요.

❶ [F5:G10] 셀을 선택한 후 [서식] 탭–[조건부 서식(▦)]–[셀 강조 규칙]–[보다 큼]을 클릭하여 [보다 큼] 대화상자가 나타나면 그림과 같이 지정한 후 [확인] 단추를 클릭합니다.

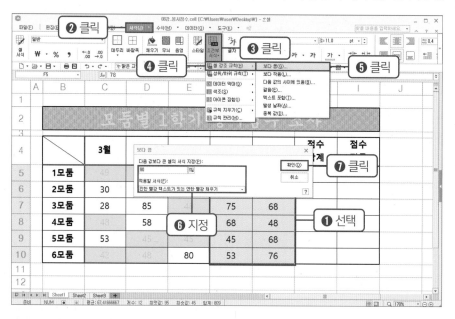

❷ 다시 [F5:G10] 셀을 선택한 후 [서식] 탭–[조건부 서식(▦)]–[셀 강조 규칙]–[보다 작음]을 클릭하여 [보다 작음] 대화상자가 나타나면 그림과 같이 지정한 후 [확인] 단추를 클릭합니다.

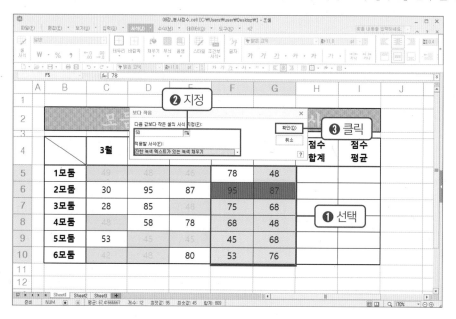

혼자 할 수 있어요!

08

01 '08_줄넘기.cell' 파일을 열기한 후 그림과 같이 조건부 서식을 지정해 보세요.

· 예제 파일 : 08_줄넘기.cell
· 완성 파일 : 08_줄넘기_완성.cell

키가 쑥쑥 줄넘기 대회 개인 기록

학년	반	이름	성별	제자리뛰기	양발모아뛰기	8자뛰기	2단점프	시상내역
2	5	송인국	남	109	103	40	4	참가상
3	1	김민재	남	102	85	15	2	참가상
3	2	박예린	여	98	110	38	5	참가상
3	2	최연서	여	165	152	46	15	동상
4	3	이영주	남	240	210	94	20	
4	3	황은정	여	160	142	68		
5	1	박무송	남	246	198	90		
5	4	최민서	여	150	130	80	15	

Hint
· 제자리뛰기, 양발모아뛰기 : 셀 값 200 이상
· 8자뛰기 : 셀 값 80 이상
· 2단점프 : 셀 값 20 이상

02 '08_간식.cell' 파일을 열기한 후 그림과 같이 조건부 서식을 지정해 보세요.

· 예제 파일 : 08_간식.cell
· 완성 파일 : 08_간식_완성.cell

친구들이 좋아하는 간식 조사

종류	이름	가격(원)	열량(Kcal)	받은 점수
버거류	치킨버거	3,000	367	50
	치즈버거	4,200	425	40
	야채버거	3,800	320	20
디저트류	너겟	2,000	78	40
	포테이토	1,400	292	20
	소프트콘	1,000	145	30
치킨류	순살치킨	8,900	739	40
	윙4조각	4,100	320	30

Hint
· 가격(원) : 셀 값 200~400 사이
· 열량(Kcal) : 셀 값 300 이상
· 받은 점수 : 셀 값 35 이상

09 자동 합계로 계산하기

• 자동 합계 도구로 합계와 평균을 구해요.
• 자동 합계 도구로 최댓값과 최솟값을 구해요.

▶ 예제 파일 : 09_봉사점수.cell
▶ 완성 파일 : 09_봉사점수_완성.cell

 자동 합계 도구로 합계와 평균을 구해 보아요.

❶ '09_봉사점수.cell' 파일을 불러와 [H5] 셀을 선택한 후 [수식] 탭-[합계(Σ)]를 클릭하여 [C5:G5] 영역이 선택되는 것을 확인하고 Enter 를 누릅니다.

		3월	4월	5월	6월	7월	합계	평균
2		모둠별 1학기 봉사점수 조사						
5	1모둠	49	48	46	78		=SUM(C5:G5)	
6	2모둠	30	95	87	95	87	SUM(number1, [number2], ...)	
7	3모둠	28	85	48	75	68		
8	4모둠	48	58	78	68	48		
9	5모둠	53	45	45	45	68		
10	최댓값							
11	최솟값							

② 합계 결과가 표시되면 [H5] 셀의 채우기 핸들을 [H9] 셀까지 드래그하여 결과값을 채우기
합니다.

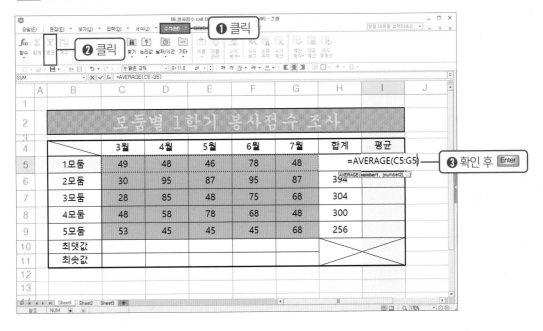

③ [I5] 셀을 선택한 후 [수식] 탭-[평균]을 클릭하고 [C5:G5] 영역을 드래그하여 선택한 후
Enter 를 눌러 평균을 구합니다.

④ **②**와 같은 방법으로 [I5] 셀의 채우기 핸들을 [I9] 셀까지 드래그한 후 [I5:I9] 셀을 선택
하고 [서식] 탭-[자릿수 늘임(￼)]을 클릭하여 소숫점 한 자리까지 표시되도록 합니다.

미션 2 **자동 합계 도구로 최댓값과 최솟값을 구해 보아요.**

① [C10] 셀을 선택한 후 [수식] 탭-[함수(*f∞*)]-[최댓값]을 클릭하여 [C5:C9] 영역이 선택되는 것을 확인한 후 **Enter** 를 누릅니다. 이어서 최댓값 결과가 표시되면 [C10] 셀의 채우기 핸들을 [G10] 셀까지 드래그하여 결과값을 채우기 합니다.

② 같은 방법으로 [C11:G11] 셀에 최솟값을 구해 봅니다.

혼자 할 수 있어요!

• 예제 파일 : 09_단원평가.cell
• 완성 파일 : 09_단원평가_완성.cell

01 '09_단원평가.cell' 파일을 불러와 서식을 지정하고 자동 합계 기능을 이용하여 그림과 같이 합계와 평균을 구해 보세요.

	국어	영어	수학	사회	과학	합계	평균
1단원	90	100	85	79	100	454	90.8
2단원	80	90	87	95	87	439	87.8
3단원	95	85	90	75	70	415	83
4단원	85	98	71	68	98	420	84
5단원	90	100	78	95	89	452	90.4
6단원	98	88	80	87	79	432	86.4
최댓값							
최솟값							

단원평가 시험 결과

• 글꼴 : 한컴 바겐세일 B
• 크기 : 22pt
• 속성 : 진하게

• 속성 : 진하게, 가운데 정렬

• 글꼴 : 한컴 바겐세일 B
• 크기 : 12pt
• 속성 : 가운데 정렬

02 자동 합계 기능을 이용하여 그림과 같이 최댓값과 최솟값을 구해 보세요.

단원평가 시험 결과

	국어	영어	수학	사회	과학	합계	평균
1단원	90	100	85	79	100	454	90.8
2단원	80	90	87	95	87	439	87.8
3단원	95	85	90	75	70	415	83
4단원	85	98	71	68	98	420	84
5단원	90	100	78	95	89	452	90.4
6단원	98	88	80	87	79	432	86.4
최댓값	98	100	90	95	100		
최솟값	80	85	71	68	70		

10 함수 마법사로 계산하기

학 습 목 표

• 수식으로 계산해요.
• 함수 마법사로 합계를 구해요.
• COUNTIF 함수로 개수를 구해요.

▶ 예제 파일 : 10_새학기준비물.cell
▶ 완성 파일 : 10_새학기준비물_완성.cell

미션1 수식으로 계산해 보아요.

❶ '10_새학기준비물.cell' 파일을 불러와 [F5] 셀을 클릭한 후 [수식 입력줄]에 "=D5*E5"를 입력하고 Enter 를 누릅니다.

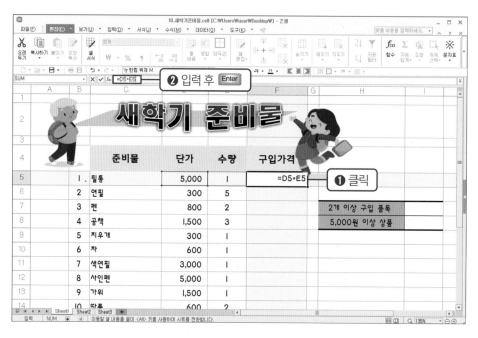

❷ [F5] 셀의 채우기 핸들을 [F18] 셀까지 드래그하여 결과값을 채우기 합니다.

44 컴스생 여우닝 한셀 2016

미션 2 함수 마법사로 합계를 구해 보아요.

❶ [F19] 셀을 선택한 후 [수식] 탭-[함수(f_∞)]를 클릭하여 [함수 마법사] 대화상자가 나타나면 [함수 분류]-[수학], [함수 이름]-[SUM]을 선택하고 [확인] 단추를 클릭합니다.

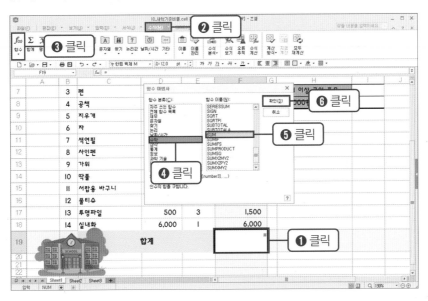

❷ [함수 인수] 대화상자가 나타나면 'number1' 항목의 셀 범위를 [F5:F18]로 지정한 후 [확인] 단추를 클릭합니다.

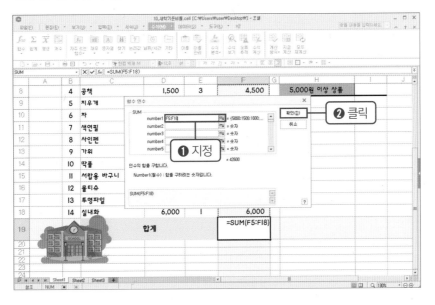

미션 3 COUNTIF 함수로 데이터 개수를 구해 보아요.

❶ [I7] 셀을 선택한 후 [수식] 탭-[함수(*f∞*)]를 클릭하여 [함수 마법사] 대화상자가 나타나면 [함수 분류]-[통계], [함수 이름]-[COUNTIF]를 선택한 후 [확인] 단추를 클릭합니다. 이 어서 [함수 인수] 대화상자가 나타나면 'range' 항목에 [E5:E18] 영역을 지정하고 'criteria' 항목에 ">=2"를 입력한 후 [확인] 단추를 클릭합니다.

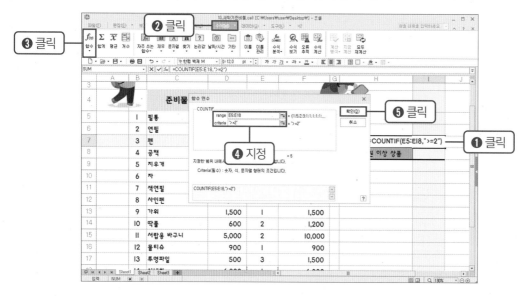

❷ [I8] 셀을 선택하고 **❶**과 같은 방법으로 [COUNTIF] 함수를 선택한 후 'range' 항목에 [F5:F18] 영역을 지정하고 'criteria' 항목에 ">=5000"을 입력한 후 [확인] 단추를 클릭 하여 결과값을 확인합니다.

		준비물	단가	수량	구입가격		
5	1	필통	5,000	1	5,000		
6	2	연필	300	5	1,500		
7	3	펜	800	2	1,600	2개 이상 구입 품목	6
8	4	공책	1,500	3	4,500	5,000원 이상 상품	4
9	5	지우개	300	1	300		
10	6	자	600	1	600		
11	7	색연필	3,000	1	3,000		
12	8	사인펜	5,000	1	5,000		
13	9	가위	1,500	1	1,500		
14	10	딱풀	600	2	1,200		
15	11	서랍용 바구니	5,000	2	10,000		
16	12	물티슈	900	1	900		
17	13	투명파일	500	3	1,500		
18	14	실내화	6,000	1	6,000		

혼자 할 수 있어요!

01 '10_봉사점수.cell' 파일을 불러와 서식을 지정한 후 함수 마법사를 이용하여 합계를 구해 보세요.

· 예제 파일 : 10_봉사점수.cell
· 완성 파일 : 10_봉사점수_완성.cell

	3월	4월	5월	6월	7월	합계
1모둠	49	48	46	78	48	269
2모둠	30	95	87	95	87	394
3모둠	28	85	48	75	68	304
4모둠	48	58	78	68	48	300
5모둠	53	45	45	45	68	256

모둠별 봉사 점수

· 글꼴 : 한컴 바겐세일 M
· 크기 : 20pt

· 글꼴 : HY나무M
· 크기 : 13pt
· 속성 : 가운데 정렬

Hint

[H5] : =SUM(C5:G5)

02 '10_우리반친구들.cell' 파일을 불러와 서식을 지정한 후 함수 마법사를 이용하여 남학생의 인원수와 레드 모둠인 친구들의 인원수를 구해 보세요.

· 예제 파일 : 10_우리반친구들.cell
· 완성 파일 : 10_우리반친구들_완성.cell

우리반 친구들

· 글꼴 : 문체부 훈민정음체
· 크기 : 24pt
· 속성 : 진하게

이름	성별	모둠명	좋아하는 것
우수민	여	그린	줄넘기
최선화	여	옐로우	과자
강지원	남	레드	태권도
이진주	여	옐로우	인형
황인경	여	그린	한자
김종혁	남	그린	자동차
조현태	남	옐로우	책
김은에	여	레드	강아지
남학생은 몇 명인가요?			3
레드 모둠 친구는 몇 명인가요?			2

· 글꼴 : 한컴 소망 M
· 크기 : 14pt
· 속성 : 가운데 정렬

· 글꼴 : 한컴 백제 B
· 크기 : 14pt
· 속성 : 가운데 정렬

Hint

· [E14] : =COUNTIF(C5:C12,"남")
· [E15] : =COUNTIF(D5:D12,"레드")

11 조건으로 결과값 구하기

학 습 목 표

• AND와 OR 함수를 사용해요.
• IF 함수로 조건에 따른 결과값을 구해요.

▶ 완성 파일 : 11_자격증시험_완성.cell

미션1 AND와 OR 함수를 사용해 보아요.

1 '11_자격증시험.cell' 파일을 불러와 [E5] 셀을 선택한 후 [수식] 탭-[논리값(?)]-[AND]를 클릭합니다.

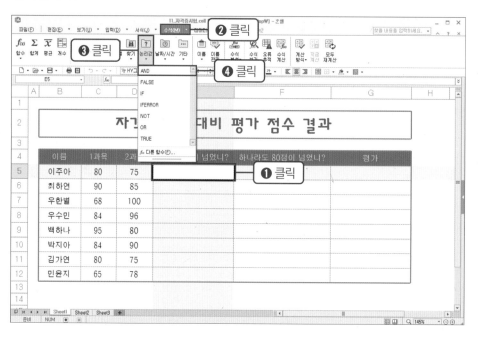

2 [함수 인수] 대화상자가 나타나면 'logical1' 항목에 "C5>80"을 입력하고 'logical2' 항목에 "D5>80"을 입력한 후 결과값을 확인하고 [확인] 단추를 클릭합니다. 이어서 결과값이 표시되면 [E5] 셀의 채우기 핸들을 [E12] 셀까지 드래그합니다.

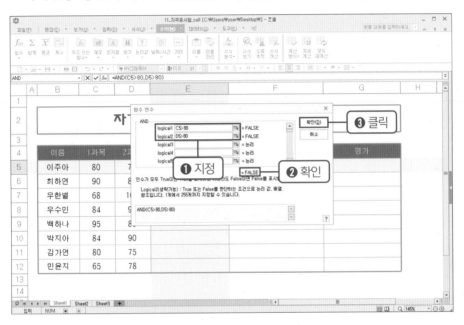

3 [F5] 셀을 클릭하고 [수식] 탭-[논리값(?)]-[OR]를 클릭하여 [함수 인수] 대화상자가 나타나면 'logical1' 항목에 "C5>80"을 입력하고 'logical2' 항목에 "D5>80"을 입력한 후 결과값을 확인하고 [확인] 단추를 클릭합니다. 이어서 결과값이 표시되면 [F5] 셀의 채우기 핸들을 [F12] 셀까지 드래그합니다.

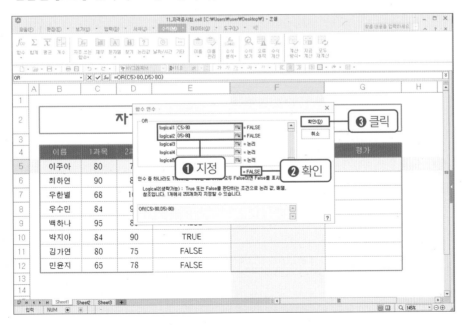

미션 2 **IF 함수로 조건에 따른 결과값을 구해 보아요.**

1 [G5] 셀을 선택한 후 [수식] 탭-[논리값(?)]-[IF]를 클릭합니다.

2 [함수 인수] 대화상자가 나타나면 'logical_test' 항목에 "AND(C5>80,D5>80)"를 입력하고 'value_if_true' 항목에 "최고!! 잘했어요", 'value_if_false' 항목에 "좀 더 노력해요"를 입력한 후 [확인] 단추를 클릭합니다.

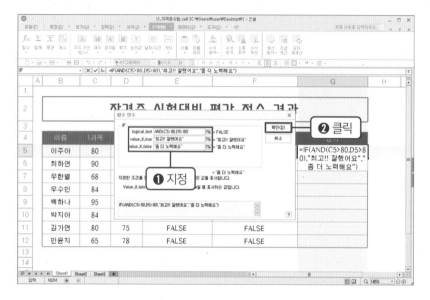

3 [G5] 셀에 결과값이 표시되면 채우기 핸들을 [G12] 셀까지 드래그하여 결과값을 채우기 합니다.

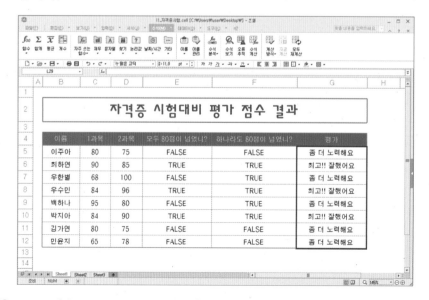

혼자 할 수 있어요!

01 '11_인기투표.cell' 파일을 불러와 투표 개수가 모두 10개를 넘은 경우와 하나라도 10개를 넘은 경우에 따른 평가값을 구해 보세요.

• 예제 파일 : 11_인기투표.cell
• 완성 파일 : 11_인기투표_완성.cell

이름	여자 친구의 표	남자 친구의 표	모두 10개가 넘었나?	하나라도 10개가 넘었나?	평가
최동주	8	7	FALSE	FALSE	노력해
이주미	12	16	TRUE	TRUE	인기짱
최선화	10	7	FALSE	FALSE	노력해
고하늘	8	15	FALSE	TRUE	노력해
우수민	10	11	FALSE	TRUE	노력해
주한별	8	6	FALSE	FALSE	노력해
김주영	15	5	FALSE	TRUE	노력해
박진주	12	14	TRUE	TRUE	인기짱

우리 모둠의 인기투표 결과

Hint
• [E5] : =AND(C5>10,D5>10)
• [F5] : =OR(C5>10,D5>10)
• [G5] : =IF(AND(C5>10,D5>10), "인기짱","노력해")

02 '11_타자기록.cell' 파일을 불러와 '한글 타자기록'과 '영어 타자기록' 점수에 따른 합격 여부와 최종 결과를 구해 보세요.

조건 한글 타자기록이 150 이상, 영어 타자기록이 130 이상이면 합격, 모두 합격이면 통과

• 예제 파일 : 11_타자기록.cell
• 완성 파일 : 11_타자기록_완성.cell

한글/영문 타자 기록표

이름	한글 타자기록		영어 타자기록		최종 결과
	점수	통과여부	점수	통과여부	
이석진	160	합격	110	불합격	재시험
하미영	190	합격	140	합격	통과
이수진	160	합격	110	불합격	재시험
박주영	112	불합격	90	불합격	재시험
황민철	120	불합격	170	합격	재시험
김영준	150	합격	110	불합격	재시험
이민수	130	불합격	226	합격	재시험
하태환	258	합격	250	합격	통과
류진희	210	합격	202	합격	통과

Hint
• [D6] : =IF(C6>=150,"합격","불합격")
• [F6] : =IF(E6>=130,"합격","불합격")
• [G6] : =IF(AND(D6="합격",F6="합격"),"통과","재시험")

12 문자 함수 이용하기

학 습 목 표

• LEFT 함수를 이용하여 문자를 추출해요.
• MID 함수를 이용하여 문자를 추출해요.
• RIGHT 함수를 이용하여 문자를 추출해요.

▶ 예제 파일 : 12_도서대출정보.cell
▶ 완성 파일 : 12_도서대출정보_완성.cell

미션1 LEFT 함수를 이용하여 문자를 추출해 보아요.

① '12_도서대출정보.cell' 파일을 불러와 [E6] 셀을 선택하고 [수식] 탭-[함수(fᵪ)]를 클릭하여 [함수 마법사] 대화상자가 나타나면 [함수 분류]-[문자열], [함수 이름]-[LEFT]를 선택한 후 [확인] 단추를 클릭합니다.

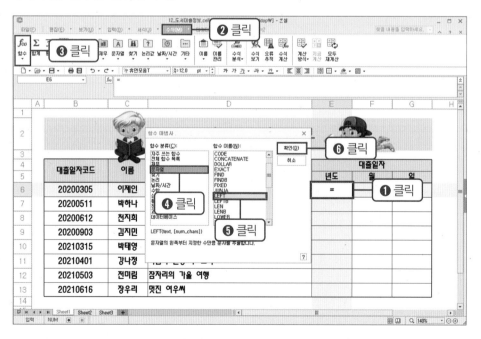

② [함수 인수] 대화상자가 나타나면 'text' 항목에 "B6"을 입력하고 'num_chars' 항목에
"4"를 입력한 후 [확인] 단추를 클릭합니다.

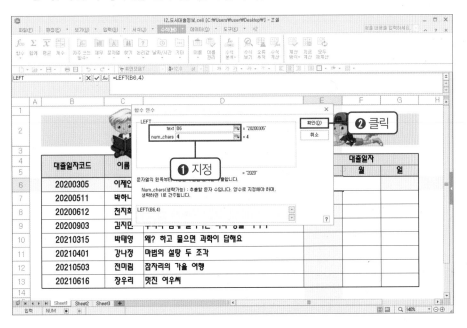

③ [E6] 셀에 결과값이 표시되면 채우기 핸들을 [E13] 셀까지 드래그하여 결과값을 채우기
합니다.

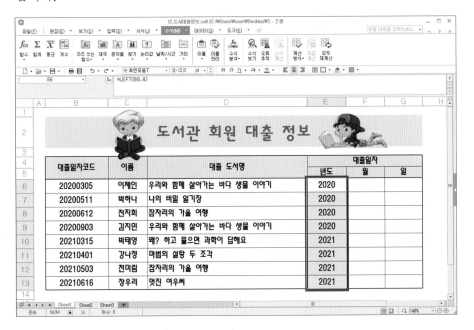

❶ [F5] 셀을 선택한 후 [수식] 탭–[문자열(🅰)]–[MID]를 클릭합니다.

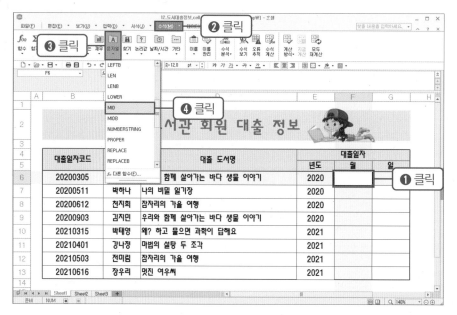

❷ [함수 인수] 대화상자가 나타나면 'text' 항목에 "B6"을 입력하고 'start_num' 항목에 "5", 'num_chars' 항목에 "2"를 입력한 후 [확인] 단추를 클릭합니다.

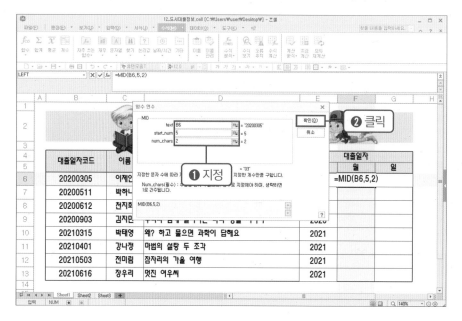

미션 3 RIGHT 함수를 이용하여 문자를 추출해 보아요.

1 [G5] 셀을 선택하고 [수식] 탭-[문자열(A)]-[RIGHT]를 클릭하여 [함수 인수] 대화상자가 나타나면 'text' 항목에 "B6", 'num_chars' 항목에 "2"를 입력한 후 [확인] 단추를 클릭 합니다.

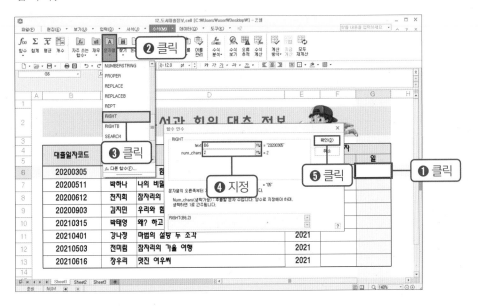

2 추출된 값을 자동 채우기 하여 결과를 확인합니다.

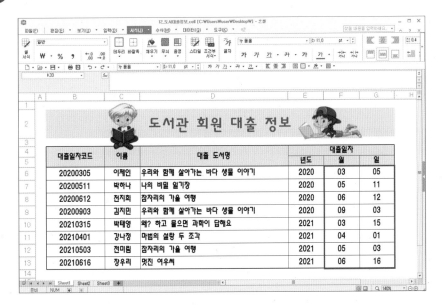

혼자 할 수 있어요!

12

01 '12_회원등록.cell' 파일을 불러와 '회원코드'에서 앞자리 4개는 연도, 다음 두 글자는 월, 나머지 두 글자는 일로 표시되도록 문자 함수를 이용해 구해 보세요.

• 예제 파일 : 12_회원등록.cell
• 완성 파일 : 12_회원등록_완성.cell

회원코드	구분	이름	성별	회원 등록 년/월/일			비고
				연도	월	일	
20140812	아동	김민재	남	2014	08	12	
20150415	성인	최민서	여	2015	04	15	
20140820	아동	최연서	여	2014	08	20	
20130725	청소년	박예린	여	2013	07	25	
20150102	성인	이영주	남	2015	01	02	
20131205	성인	황은정	여	2013	12	05	
20120530	아동	박무송	남	2012	05	30	
20150125	청소년	송인국	남	2015	01	25	

스포츠센터 회원 등록현황

Hint
• [F6] : =LEFT(B6,4)
• [G6] : =MID(B6,5,2)
• [H6] : =MID(B6,7,2)

02 '12_예방접종.cell' 파일을 불러와 '주민등록번호'에서 앞자리 4개는 연도, 다음 두 글자는 월, 나머지 두 글자는 일로 표시되도록 문자 함수를 이용해 구해 보세요.

• 예제 파일 : 12_예방접종.cell
• 완성 파일 : 12_예방접종_완성.cell

튼튼소아과 예방접종자 명단

주민등록번호	이름	태어난 날짜			나이	성별
		연도	월	일		
20040830-1******	김태균	2004	08	30		
20021012-2******	박은솔	2002	10	12		
20030120-2******	김명수	2003	01	20		
19990215-2******	이은정	1999	02	15		
20041213-1******	이민관	2004	12	13		
20010504-1******	최은혁	2001	05	04		
20051009-2******	김성태	2005	10	09		
20040624-1******	한영수	2004	06	24		

Hint
• [D6] : =LEFT(B6,4)
• [E6] : =MID(B6,5,2)
• [F6] : =MID(B6,7,2)

13 차트 만들기

학습목표

- 세로 막대형 차트를 삽입해요.
- 차트 디자인을 변경해요.

▶ 예제 파일 : 13_인기투표.cell
▶ 완성 파일 : 13_인기투표_완성.xlsx

 미션 1 **세로 막대형 차트를 삽입해 보아요.**

1 '13_인기투표.cell' 파일을 불러와 [B4:C12] 셀을 선택하고 [입력] 탭-[세로 막대형()]-[묶은 세로 막대형]을 클릭합니다.

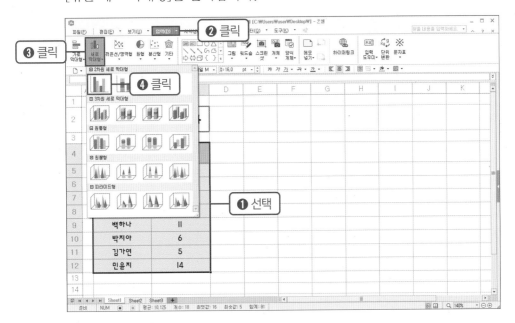

② 차트가 삽입되면 차트 테두리에서 마우스 오른쪽 단추를 클릭하고 [오려 두기]를 클릭합니다.

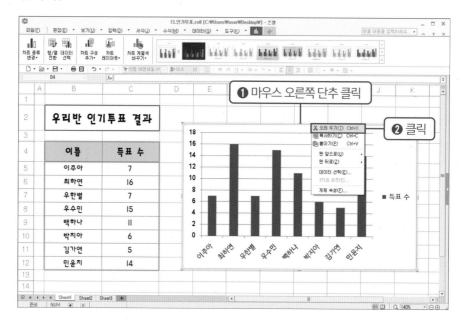

③ [Sheet2] 시트를 선택한 후 마우스 오른쪽 단추를 클릭하고 [붙이기]를 클릭하여 차트가 삽입되면 그림과 같이 크기와 위치를 조절합니다.

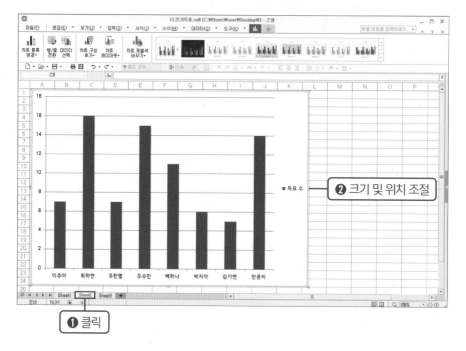

미션 2) 차트 디자인을 변경해 보아요.

① [📊] 탭-[스타일9]를 클릭하여 차트 스타일을 변경합니다.

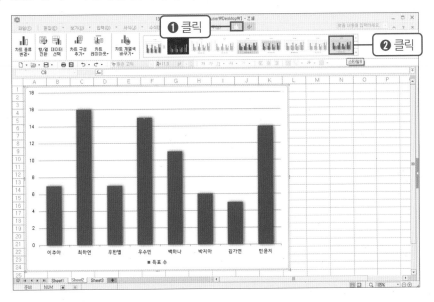

② 이어서 [차트] 탭-[차트 계열색 바꾸기(🗒)]-[색9]를 클릭하여 차트 계열색을 변경합니다.

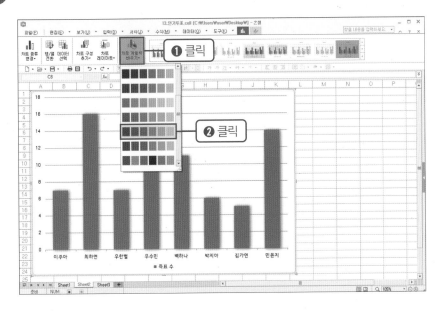

혼자 할 수 있어요!

13

01 '13_선물.cell' 파일을 불러와 제목을 삽입한 후 차트를 삽입하고 차트 스타일을 지정해 보세요.

• 예제 파일 : 13_선물.cell
• 완성 파일 : 13_선물_완성.cell

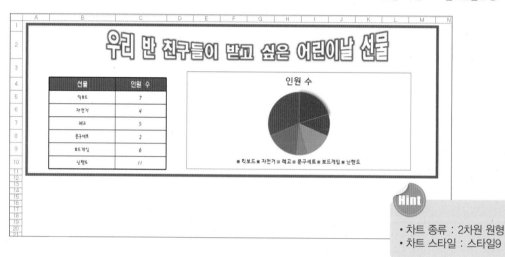

Hint
• 차트 종류 : 2차원 원형
• 차트 스타일 : 스타일9

02 '13_음식.cell' 파일을 불러와 제목을 삽입한 후 차트를 삽입하고 차트 스타일과 차트 계열색을 지정해 보세요.

• 예제 파일 : 13_음식.cell
• 완성 파일 : 13_음식_완성.cell

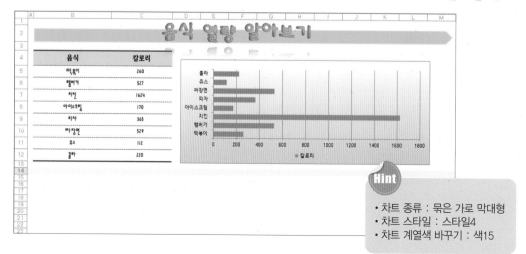

Hint
• 차트 종류 : 묶은 가로 막대형
• 차트 스타일 : 스타일4
• 차트 계열색 바꾸기 : 색15

14 차트 편집하기

학 습 목 표

• 차트 제목을 삽입하고 꾸며요.
• 차트 배경을 삽입해요.

▶ 예제 파일 : 14_인기투표.cell, 인기투표배경.jpg
▶ 완성 파일 : 14_인기투표_완성.cell

 차트 제목을 삽입하고 꾸며 보아요.

1 '14_인기투표.cell' 파일을 불러와 [Sheet2] 시트를 선택한 후 차트를 클릭하고 [차트] 탭-[차트 구성 추가]-[차트 제목]-[위쪽]을 클릭합니다.

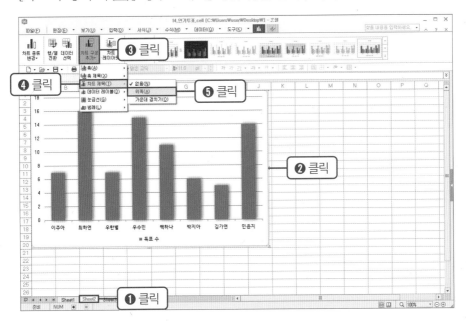

2 차트 제목이 나타나면 차트 제목을 마우스 오른쪽 단추로 클릭하여 [제목 편집]을 클릭하고 [제목 편집] 대화상자가 나타나면 "우리반 인기투표"를 입력하고 서식을 지정한 후 [설정] 단추를 클릭합니다.

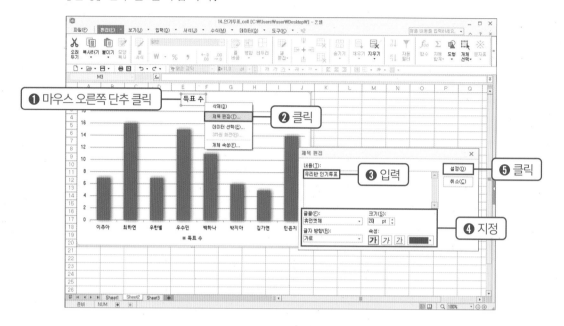

3 차트 제목을 더블클릭한 후 [개체 속성] 대화상자가 나타나면 [채우기] 탭-[단색]을 클릭하여 색상을 지정하고 [옅은 테두리] 탭-[5 pt]를 클릭한 후 [설정] 단추를 클릭합니다.

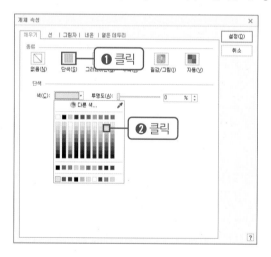

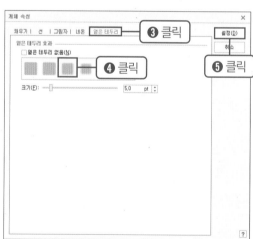

1 차트 영역에서 마우스 오른쪽 단추를 클릭하여 [개체 속성]을 클릭합니다.

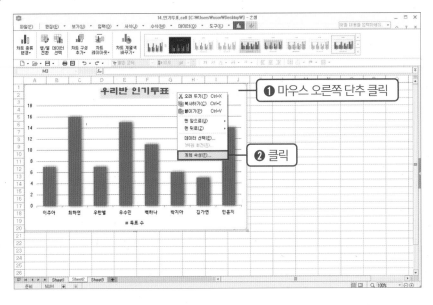

2 [개체 속성] 대화상자가 나타나면 [채우기] 탭-[질감/그림]-[그림]을 클릭하여 '인기투표 배경.jpg' 그림을 선택하고 투명도를 '80'으로 지정한 후 [설정] 단추를 클릭합니다.

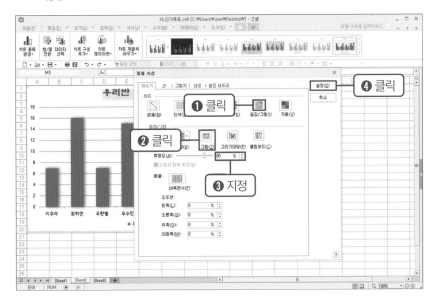

14 혼자 할 수 있어요!

01 '14_선물.cell' 파일을 불러와 범례와 차트 영역 서식을 지정해 보세요.

- 예제 파일 : 14_선물.cell, 선물배경.jpg
- 완성 파일 : 14_선물_완성.cell

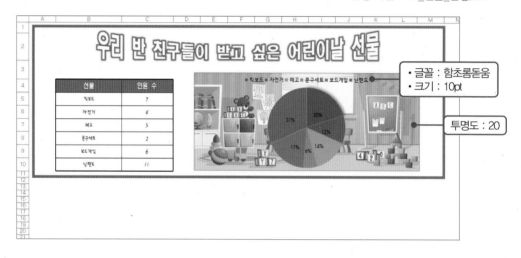

- 글꼴 : 함초롬돋움
- 크기 : 10pt

투명도 : 20

02 '14_음식.cell' 파일을 불러와 차트 영역 서식을 지정해 보세요.

- 예제 파일 : 14_음식.cell, 음식배경.jpg
- 완성 파일 : 14_음식_완성.cell

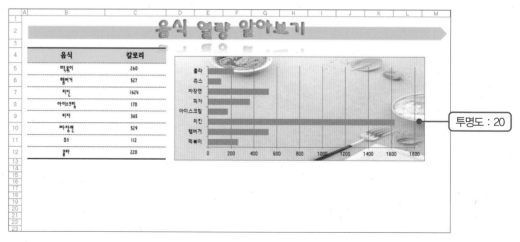

투명도 : 20

15 필터로 데이터 추출하기

학습목표

• 자동 필터 기능을 사용해요.
• 고급 필터 기능을 사용해요.

▶ 예제 파일 : 15_도서대출현황.cell
▶ 완성 파일 : 15_도서대출현황_완성.cell

미션1 자동 필터로 데이터를 추출해 보아요.

① '15_도서대출현황.cell' 파일을 불러온 후 임의의 셀을 선택하고 [데이터] 탭-[자동 필터(▼)]를 클릭합니다. 이어서 필터 단추(▼)가 생성되면 '분류'의 필터 단추(▼)를 클릭한 후 '과학' 항목 선택을 해제하고 [설정] 단추를 클릭합니다.

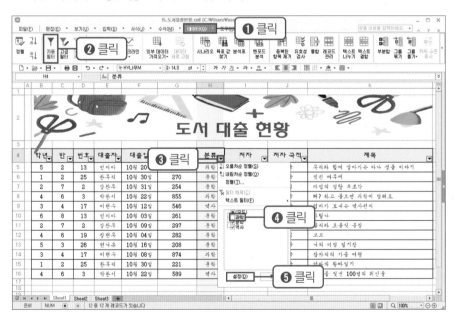

② 이어서 '대출일'의 필터 단추(▼)를 클릭한 후 [날짜 필터]-[이후]를 클릭합니다.

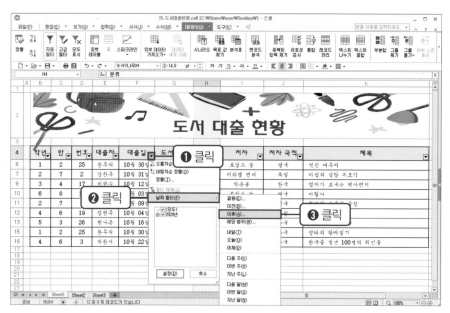

③ [사용자 정의 자동 필터] 대화상자가 나타나면 찾을 조건을 "2020-10-15"로 입력한 후 [확인] 단추를 클릭하고 원하는 데이터만 추출된 것을 확인합니다.

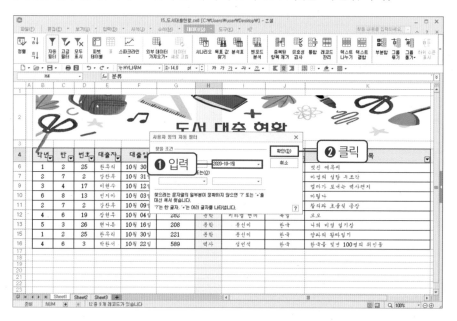

미션 2 **고급 필터로 데이터를 추출해 보아요.**

① [B18:C20] 셀에 그림과 같이 조건을 입력한 후 [데이터] 탭-[고급 필터(🔽)]를 클릭하여 [고급 필터] 대화상자가 나타나면 '다른 장소에 복사' 항목을 선택하고 '데이터 범위'에 [B14:C16], '찾을 조건 범위'에 [B18:C20], '복사 위치'에 [B22] 셀을 지정한 후 [설정] 단추를 클릭합니다.

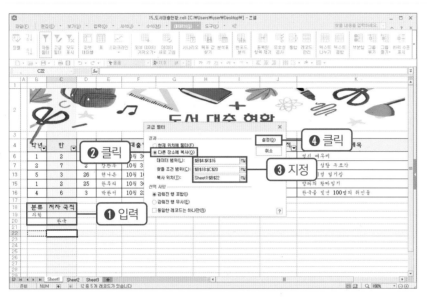

② 분류가 '과학'이거나 저자 국적이 '한국'인 데이터만 표시되는 것을 확인합니다.

15 혼자 할 수 있어요!

• 예제 파일 : 15_그림대회.cell
• 완성 파일 : 15_그림대회_완성.cell

01 '15_그림대회.cell' 파일을 불러와 자동 필터를 이용하여 그림과 같이 데이터를 추출해 보세요.

이름	응시부문	이해도	표현력	색채와 조화	창작력	완성도	평균점수
지후	상상화	88	72	80	91	98	85.8
수호	상상화	91	95	96	83	97	92.4
유나	상상화	85	83	78	94	84	84.8

Hint

• 응시부문 : 상상화와 수채화
• 평균점수 : 80보다 큼

02 고급 필터를 이용하여 그림과 같이 데이터를 추출해 보세요.

이름	응시부문	이해도	표현력	색채와 조화	창작력	완성도	평균점수
지후	상상화	88	72	80	91	98	85.8
우진	수채화	82	77	80	69	90	79.6
서아	포스터	79	81	75	75	86	79.2
수빈	포스터	73	78	89	73	99	82.4
수호	상상화	91	95	96	83	97	92.4
유나	상상화	85	83	78	94	84	84.8
아린	수채화	76	73	90	76	80	79.0
준우	포스터	92	93	82	86	98	90.2
서진	포스터	80	90	77	82	89	83.6

표현력	완성도
>=80	>=90

이름	응시부문	이해도	표현력	색채와 조화	창작력	완성도	평균점수
수호	상상화	91	95	96	83	97	92.4
준우	포스터	92	93	82	86	98	90.2

Hint

• 표현력 : 80보다 크거나 같음
• 완성도 : 90보다 크거나 같음

16 부분합 구하기

 부분합으로 평균값을 구해 보아요.

① '16_타자대회.cell' 파일을 불러와 [H5] 셀을 선택하고 [수식] 탭-[평균($\overline{x}$)]을 클릭한 후 [E5:G5] 셀을 선택하고 Enter 를 누릅니다.

이름	학년	반	짧은글	긴글연습	타자검정	평균	결과
이지안	3	3	150	132		=AVERAGE(E5:G5)	
김지원	4	3	210	202	200		
박주영	3	2	200	185	170		
김유진	4	1			216		
이석진	2	1	120	110	100		
이수진	3	1	160	150	146		
하서현	2	3	148	140	150		
한민지	4	2	258	250	260		
주나은	3	3	100	98	84		
황민준	3	2	180	170	160		

② [H5] 셀에 평균값이 표시되면 채우기 핸들을 [H14] 셀까지 드래그하여 결과값을 채우기 합니다.

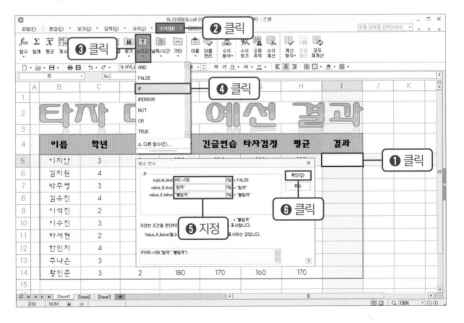

③ [I5] 셀을 선택한 후 [수식] 탭–[논리값(?)]–[IF]를 클릭하여 [함수 인수] 대화상자가 나타나면 'logical_test' 항목에 "H5>=150", 'value_if_true' 항목에 "합격", 'value_if_false' 항목에 "불합격"을 입력한 후 [확인] 단추를 클릭합니다.

④ [I5] 셀에 결과값이 표시되면 채우기 핸들을 [I14] 셀까지 드래그하여 결과값을 채우기 합니다.

5 [C4] 셀을 선택한 후 [데이터] 탭-[오름차순(김↓)]을 클릭하여 낮은 학년 순서대로 정렬되는 것을 확인합니다.

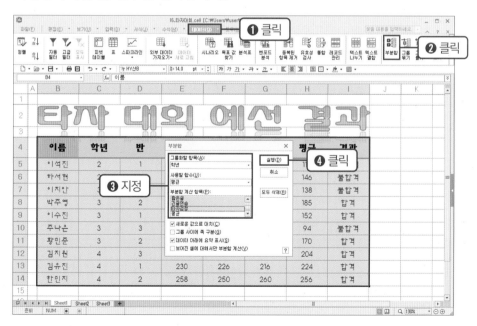

6 [데이터] 탭-[부분합(▦)]을 클릭하여 [부분합] 대화상자가 나타나면 그룹화할 항목을 '학년', 사용할 함수를 '평균', 부분합 계산 항목을 '짧은글', '긴글연습', '타자검정'으로 지정한 후 [실행] 단추를 클릭합니다.

미션 2 **새로운 값으로 대치하여 최댓값을 구해 보아요.**

① [데이터] 탭–[부분합(▦)]을 클릭하여 [부분합] 대화상자가 나타나면 그룹화할 항목을 '학년', 사용할 함수를 '최댓값', 부분합 계산 항목을 '평균'으로 지정한 후 '새로운 값으로 대치' 체크를 해제하고 [실행] 단추를 클릭합니다.

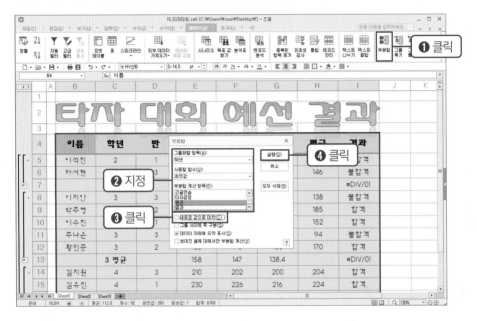

② 이어서 [데이터] 탭–[그룹 풀기(▦)]–[윤곽 지우기]를 클릭합니다.

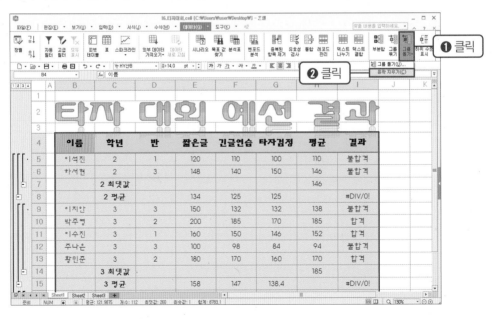

16

혼자 할 수 있어요!

• 예제 파일 : 16_그림대회.cell
• 완성 파일 : 16_그림대회_완성.cell

01 '16_그림대회.cell' 파일을 불러와 응시부문의 개수를 부분합으로 구해보세요.

	이름	응시부문	이해도	표연력	색채와 조화	창작력	완성도	평균점수
	지후	상상화	88	72	80	91	98	85.8
	수호	상상화	91	95	96	83	97	92.4
	유나	상상화	85	83	78	94	84	84.8
	상상화 개수						3	
	우진	수채화	82	77	80	69	90	79.6
	아린	수채화	76	73	90	76	80	79.0
	수채화 개수						2	
	서아	포스터	79	81	75	75	86	79.2
	수빈	포스터	73	78	89	73	99	82.4
	준우	포스터	92	93	82	86	98	90.2
	서진	포스터	80	90	77	82	89	83.6
	포스터 개수	4						
	전체 개수	9						

02 평균점수의 평균값을 부분합으로 구한 후 윤곽을 지워 보세요.

	이름	응시부문	이해도	표연력	색채와 조화	창작력	완성도	평균점수
	지후	상상화	88	72	80	91	98	85.8
	수호	상상화	91	95	96	83	97	92.4
	유나	상상화	85	83	78	94	84	84.8
		상상화 평균						87.66666667
	상상화 개수	3						
	우진	수채화	82	77	80	69	90	79.6
	아린	수채화	76	73	90	76	80	79.0
		수채화 평균						79.3
	수채화 개수	2						
	서아	포스터	79	81	75	75	86	79.2
	수빈	포스터	73	78	89	73	99	82.4
	준우	포스터	92	93	82	86	98	90.2
	서진	포스터	80	90	77	82	89	83.6
		포스터 평균						83.85
	포스터 개수	4						
	전체 개수	11						
		전체 평균						84.1

Hint

'새로운 값으로 대치' 항목 체크를 해제하고 평균값 구하기

솜씨 어때요?

01 테두리와 채우기 색, 워드숍과 그림 삽입을 이용하여 그림과 같은 문서를 완성해 보세요.

- 예제 파일 : 연필.png, 책.png
- 완성 파일 : 솜씨어때요01_완성.cell

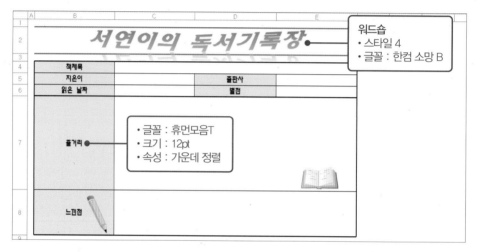

워드숍
- 스타일 4
- 글꼴 : 한컴 소망 B

(줄거리)
- 글꼴 : 휴먼모음T
- 크기 : 12pt
- 속성 : 가운데 정렬

02 테두리와 채우기 색, 한자 입력을 이용하여 그림과 같은 문서를 완성해 보세요.

- 완성 파일 : 솜씨어때요02_완성.cell

한자쓰기

	月	月	月	月	月	月	月
달월	달월	달월	달월	달월	달월	달월
火	火	火	火	火	火	火
불화	불화	불화	불화	불화	불화	불화
水	水	水	水	水	水	水
물수	물수	물수	물수	물수	물수	물수
木	木	木	木	木	木	木
나무목	나무목	나무목	나무목	나무목	나무목	나무목
金	金	金	金	金	金	金
쇠금	쇠금	쇠금	쇠금	쇠금	쇠금	쇠금
土	土	土	土	土	土	土
흙토	흙토	흙토	흙토	흙토	흙토	흙토
日	日	日	日	日	日	日
날일	날일	날일	날일	날일	날일	날일

- 글꼴 : 궁서
- 크기 : 36pt
- 속성 : 진하게, 병합
  하고 가운데 맞춤

- 글꼴 : 맑은 고딕
- 크기 : 24pt
- 속성 : 진하게 가운데
  정렬

솜씨 어때요?

01 자동 채우기를 이용하여 그림과 같은 문서를 완성해 보세요.

• 예제 파일 : 구구단.jpg
• 완성 파일 : 솜씨어때요03_완성.cell

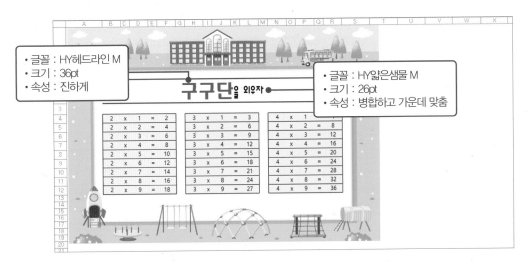

• 글꼴 : HY헤드라인 M
• 크기 : 36pt
• 속성 : 진하게

• 글꼴 : HY얇은샘물 M
• 크기 : 26pt
• 속성 : 병합하고 가운데 맞춤

02 함수를 이용하여 직업 체험 참여 수와 참여인원을 구하여 그림과 같은 문서를 완성해 보세요.

• 완성 파일 : 솜씨어때요04_완성.cell

워드숍
• 스타일 17
• 글꼴 : 한컴 윤체 B

• 글꼴 : 휴먼모음T
• 크기 : 12pt
• 속성 : 가운데 정렬

• 글꼴 : HY엽서 L
• 크기 : 12pt
• 속성 : 가운데 정렬

Hint
• 참여 수 : =COUNTA(C5:G5)
• 참여인원 : =COUNTA(C5:C10)

03 솜씨 어때요?

01 함수를 이용하여 타자기록에 따른 통과여부를 구하여 그림과 같은 문서를 완성해 보세요.

• 완성 파일 : 솜씨어때요05_완성.cell

이름	한글 타자기록		영어 타자기록		최종결과
	빠르기	통과여부	빠르기	통과여부	
이서진	160	합격	110	불합격	재시험
주하영	190	합격	140	합격	통과
이민영	160	합격	110	불합격	재시험
박나은	112	불합격	90	불합격	재시험
황민우	120	불합격	170	합격	재시험
김하준	150	합격	110	불합격	재시험
이민수	130	불합격	226	합격	재시험
강소은	258	합격	250	합격	통과
최지원	210	합격	202	합격	통과

제목 **한글/영문 타자시험 결과**
- 글꼴 : 휴먼둥근헤드라인
- 크기 : 26pt
- 속성 : 병합하고 가운데 맞춤

- 글꼴 : 한컴 윤체 L
- 크기 : 11pt
- 속성 : 가운데 정렬

- 글꼴 : 휴먼편지체
- 크기 : 11pt
- 속성 : 가운데 정렬

Hint
- 한글 타자 통과여부 : =IF(C6>=150, "합격", "불합격")
- 영어 타자 통과여부 : =IF(E6>=130, "합격", "불합격")
- 최종결과 : =IF(AND(D6="합격", F6="합격"), "통과", "재시험")

02 차트를 삽입하여 그림과 같은 문서를 완성해 보세요.

• 예제 파일 : 성장.jpg
• 완성 파일 : 솜씨어때요06_완성.cell

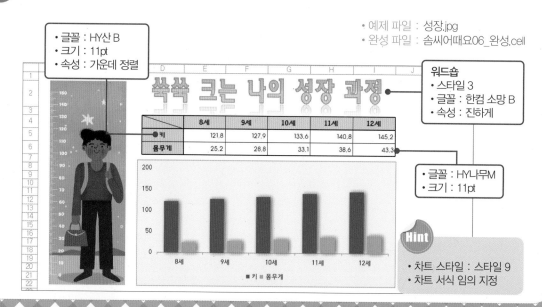

- 글꼴 : HY산 B
- 크기 : 11pt
- 속성 : 가운데 정렬

워드숍
- 스타일 3
- 글꼴 : 한컴 소망 B
- 속성 : 진하게

	8세	9세	10세	11세	12세
키	121.8	127.9	133.6	140.8	145.2
몸무게	25.2	28.8	33.1	38.6	43.3

- 글꼴 : HY나무M
- 크기 : 11pt

Hint
- 차트 스타일 : 스타일 9
- 차트 서식 임의 지정

04 솜씨 어때요?

• 예제 파일 : 솜씨어때요07.cell
• 완성 파일 : 솜씨어때요07_완성.cell

01 '학년'이 '4'학년이거나 '평균'이 '80'점 이상인 데이터를 고급 필터를 이용하여 추출해 보세요.

	이름	학년	수학	국어	사회	과학	영어	평균
	이현지	1	71	78	80	80	80	77.8
	이민우	2	90	80	38	78	95	76.2
	김다은	3	79	78	80	69	82	77.6
	이선아	3	80	75	73	68	77	74.6
	강새희	4	78	88	62	46	68	68.4
	안정수	4	78	90	87	85	77	83.4
	임채린	4	69	60	80	79	68	71.2
	박은정	5	50	95	78	75	98	79.2
	최현서	5	45	48	59	48	79	55.8
	최유선	6	70	99	91	80	80	84.0
	한민주	6	90	60	65	90	80	77.0

과목별 쪽지 시험 점수

워드숍
• 스타일 12
• 글꼴 : 한컴 바겐세일 B
• 속성 : 진하게

학년	평균
4	
	>=80

• 글꼴 : 한컴 백제 M
• 크기 : 14pt
• 속성 : 진하게, 가운데 정렬

• 글꼴 : HY강M
• 크기 : 12pt
• 속성 : 가운데 정렬

이름	학년	수학	국어	사회	과학	영어	평균
강새희	4	78	88	62	46	68	68.4
안정수	4	78	90	87	85	77	83.4
임채린	4	69	60	80	79	68	71.2
최유선	6	70	99	91	80	80	84.0